돌베개

책·머·리·에

  나의 시는 비교적 수월케 씌어진다. 그것은 평소 머릿속에 시 생각이 가득 차 있어서, 펜을 들면 수월케 시가 되는 것이다.
  평소가 문제다. 나는 사시사철 시를 생각하고 있으므로 그런 것이다. 시는 언제나 생각해야 되는 것이다.
  여기에 모은 시들은 내가 사랑하는 시들이다. 독자들은 그것을 잊지 말아 주길 바란다.
  나의 처녀시 〈강물〉이 1946년, 유일한 문학지였던 『문예』에 추천되었을 때, 나는 요샛말로 하면 고등학교 3학년 때였다.
  비교적 일찍이 시를 쓴 셈이다. 그 당시 나의 국어선생님인 시인 김춘수 선생님을 나는 많이 따랐고, 독서광인 나는 자연히 시인이 되고 싶어졌던 것이다.
  고등학교 3학년 무렵에 추천이 되고 해서 비교적 일찍 문학에 눈뜬 나는 대학교 2학년 때 추천을 마쳤다. 1952년이었다.
  그래서 그때부터 문단에 등단하여 신문이나 잡지에 나의 글이 실린 것이다. 시가 본도(本道)고 평론은 부업이었다.

그러다가 나는 대학을 4학년 1학기에 마치고 각처에 취직하여 돈을 벌고 생계하였다. 그러다가 발표한 시집이 『새』가 되었다.
　내 시 작품은 간단하다. 그리하여 여기 모은 시들은 새로 쓴 것 외에 그 동안 발간된 시집에서 대표적인 시를 모은 것이다. 대체로 좋은 시를 골랐다고 여겨진다.
　독자들이여, 내 37년의 공덕이니 제발 따스하게 읽어 주길 바란다. 나는 시밖에 모르는 시인이다. 여러분들의 도움을 빈다. 시는 마음이다. 마음을 잘 쓰면 안 되는 일이 없는 것이다.
　나의 첫 시집 『새』와 둘째 시집 『주막에서』, 셋째 시집 『천상병은 천상 시인이다』 등의 시에서 뽑고 최근 쓴 시들도 포함되어 있다.
　나의 네 번째 시집인 이 책이 많은 지지를 받기를 나는 바란다.

1987년 5월
천 상 병 씀

차 · 례

이 세상 소풍

귀천(歸天) · 13
행복 · 14
장모님 · 16
들국화 · 18
아침 · 19
눈(眼) · 20
장모님 · 21
아이들 · 22
비 · 23
빛 · 24
하늘 · 25
폭풍우 · 26

27 · 비 오는 날
28 · 새벽
29 · 먼 산
30 · 노래
31 · 촌놈
32 · 성총(聖寵)
33 · 꿈
34 · 집
35 · 아기 욱진
36 · 네 살짜리 은혜
37 · 예수님 초상
39 · 인형
40 · 하늘

저승가는 데도 여비가 든다면

고향·43
소릉조(小陵調)·44
불혹(不惑)의 추석·46
마음 마을·48
날개·50
피리·51
광화문 근처의 행복·52
찬물·54
나의 가난함·56
아버지 제사·57
나의 가난은·59
삼청공원에서·60
한 가지 소원(所願)·61
약속·62
술·63
술·64
막걸리·65
67·간(肝)의 반란
68·땅
69·내 집
70·어두운 밤에
71·수락산 하변/5
73·동창
74·김종삼(金宗三) 씨 가시다
75·주막에서
77·구름
78·만추(晩秋)
79·아가야
80·회상(回想)/2
81·편지
83·진혼가(鎭魂歌)
84·생일 없는 놈
85·무덤
86·무제

사는 대로 살다가

동네 · 89
변두리 · 90
먼 산 · 91
계곡흐름 · 92
국화꽃 · 93
꽃은 훈장 · 94
꽃의 위치에 대하여 · 95
새 · 96
새 · 97
새/2 · 99
새/3 · 100
새 · 101
한낮의 별빛 · 102
서대문에서 · 104
미소 · 105
그날은 · 107
새 세 마리 · 108

109 · 갈대
110 · 새소리
112 · 들국화
113 · 선경(仙境)/1
114 · 약수터
115 · 덕수궁의 오후
117 · 푸른 것만이 아니다
118 · 비
119 · 비
123 · 비/7
124 · 비/8
125 · 비/9
126 · 비/11
127 · 장마
128 · 시냇물가/5
129 · 강물
130 · 갈매기

누군가 앉았다 간 자리

편지 · 133
회상(回想)/1 · 134
오후 · 135
무명(無名) · 137
심신록(心信碌)/1 · 138
인생서가(人生序歌)/3 · 139
8월의 종소리 · 140
음악 · 141
등불 · 142
곡(哭) 신동엽(申東曄) · 143
내일의 노래 · 145
주일(主日)/1 · 146
주일/2 · 147
길 · 149
길 · 151
희망 · 152

153 · 봄 소식
154 · 크레이지 배가본드
156 · 광화문에서
157 · 은하수에서 온 사나이
160 · 다음
162 · 하늘
163 · 구름
164 · 바람에게도 길이 있다
165 · 달
166 · 흰구름
167 · 눈
169 · 김관식의 입관(入棺)
171 · 유리창
172 · 나무
173 · 넋
174 · 기쁨

이 세상 소풍

귀천 · 행복 · 장모님 · 들국화

아침 · 눈(眼) · 장모님

아이들 · 비 · 빛 · 하늘 · 폭풍우

비 오는 날 · 새벽 · 먼 산

노래 · 촌놈 · 성총 · 꿈 · 집

아기 욱진 · 네 살짜리 은혜

예수님 초상 · 인형 · 하늘

귀천(歸天)

나 하늘로 돌아가리라.
새벽빛 와 닿으면 스러지는
이슬 더불어 손에 손을 잡고,

나 하늘로 돌아가리라.
노을빛 함께 단둘이서
기슭에서 놀다가 구름 손짓하며는,

나 하늘로 돌아가리라.
아름다운 이 세상 소풍 끝내는 날,
가서, 아름다웠더라고 말하리라……

행 복

나는 세계에서
제일 행복한 사나이다.

아내가 찻집을 경영해서
생활의 걱정이 없고
대학을 다녔으니
배움의 부족도 없고
시인이니
명예욕도 충분하고
이쁜 아내니
여자 생각도 없고
아이가 없으니
뒤를 걱정할 필요도 없고
집도 있으니
얼마나 편안한가.
막걸리를 좋아하는데
아내가 다 사 주니
무슨 불평이 있겠는가.

더구나
하느님을 굳게 믿으니
이 우주에서
가장 강력한 분이
나의 빽이시니
무슨 불행이 온단 말인가!

장모님

나의 장모님은
우리 부부와 함께 산다
장모님은 만으로 칠십팔 살이다.
칠십팔 세인 데도 정정하여
밥도 지으시고
세탁도 다 하신다.

마흔일곱이었을 때는
당시 이승만 독재와 항거하여
투쟁하던 민주당의 군당 부녀부장이었던
장모님이다.

언제나 남을 사랑하고
인자한 장모님은
항상 화를 안 내신다

나를 수발하시고
손자를 돌보시고

아까울 것 없이 일하시는
장모님의 장수를 기도하고 있다.

들국화

84년 10월에 들어서
아내가 들국화를 꽂꽂이했다.
참으로 방이 환해졌다
하얀 들국화도 있고
보라색 들국화도 있고
분홍색 들국화도 있다.

가을은 결실의 계절이라고 하는데
우리 방은 향기도 은은하고
화려한 기색이 돈다
왜 이렇게도 좋은가
자연의 오묘함이 찾아들었으니
나는 일심(一心)으로 시 공부를 해야겠다.

아 침

아침은 매우 기분 좋다
오늘은 시작되고
출발은 이제부터다

세수를 하고 나면
내 할 일을 시작하고
나는 책을 더듬는다

오늘은 복이 있을지어다
좋은 하늘에서
즐거운 소식이 있기를.

눈[眼]

눈은 '마음의 창(窓)'이라 부른다
그러나 눈의 용도는
사람이 무엇을 보기 위한 거다
그러나 무엇을 보기 위한 것이
보여지는 창이라고 하니 용도도 많다.

꽃을 본다는 것은 무엇인가?
그건 있는 꽃을 눈 안으로 옮기는 거다
무엇이 눈 안으로 운반하는가?
그것은 마음의 힘이다.
그러니 정신의 결정(結晶)이라 할 수 있다.

'마음의 창'은 두 개가 있으니
두 개 다 활짝 열고
이 세상의 모두를 받아들여야 한다
보이는 것은 모조리 말이다
그리하여 눈은 태양처럼 빛나고
온 세상의 창이 되어야 한다.

장모님

나는 장모집에서 사는데
장모님은 칠십칠 세이다.
그런데도 하도 건강하셔서
밥도 다 지으시고
빨래도 다 하시고
동네 나들이도 하셔서
중년 여성과는 다를 바가 없다.
여고 삼학년인 손녀가 있는데
또 사십구 세인 내 아내가 있는데도
막무가내로 혼자 다 하신다.
움직여야 오래 산다며
건강하게도 매일을 지내신다.

장모님 아무쪼록 백 살까지 사셔서
저승에서도 같이 지냅시다.

아이들

나는 55세가 되도록
나는 아이가 하나도 없다
그래서 그런지 아이들을 좋아한다
동네 아이들이 귀여워서
나는 그들 아이들의 친구가 된다.

아이들은 순진하고 정직하다
예수님도 아이가 되지 않으면
천국에 못 간다고 하셨다
나는 아이같이 순진무구하게
지금같이 살았다.

아이들아 아이들아
크면 어른이 되는데
커도 순진하게 살아
내일을 살아다오
그러면 하느님이 돌보시리라.

비

비가 내린다 비가 내린다
우수를 씹고 있는 나는
돌아가신 분들을 생각한다

비는 슬픔의 강물이다
내 젊은 날의 뉘우침이며
하느님의 보살피심을

친구들의 슬픈 이야기가
새삼스레 생각나누나
교회에 혼자 가서 기도할까나.

빛

태양의 빛 달의 빛 전등의 빛
빛은 참으로 근사하다

빛이 없으면
다 캄캄할 것이 아닌가

세상은 빛으로 움직이고
사람 눈은 빛으로 있다

내일이여 내일이여
빛은 언제나 있으소서.

하 늘

하늘에는 구름이 뜨고
새가 날고
가이없이 무궁무진하다
태양이 오르면
달과 별은 내일을 예고한다

하늘이여 하늘이여
그 위에 계실 하느님에게
감사하며 내 삶의 보람을 찾는다.

폭풍우

내가 스무 살 때
부산에서 충무 가는 배 탔는데
거의 다 와서 난데없이 폭풍 만나
간신히 살아남은 회상(回想) 생생.

선체 침몰하듯 뒤흔들리고
손님들의 철석 같은 신음 소리 높고
금시 저 세상인 줄 알았었다.

하복부 큰 힘 주고
애오라지 마지막이구나 싶은데
선원이 '다 왔다!' '다 왔다!' 외쳐서
아이구 하느님 감사합니다! 기도.

비 오는 날

아침 깨니
부슬부슬 가랑비 내린다.
자는 마누라 지갑을 뒤져
백오십 원을 훔쳐
아침 해장으로 나간다.
막걸리 한 잔 내 속을 지지면
어찌 이리도 기분이 좋으냐?
가방 들고 지나는 학생들이
그렇게도 싱싱하게 보이고
나의 늙음은 그저 노인 같다
비 오는 아침의 이 신선감을
나는 어이 표현하리오?
그저 사는 대로 살다가
깨끗이 눈감으리요.

새 벽

나는 어쩌다
새벽에 일어난다
어두운 새벽에
나는 오늘을 상상한다

눈을 뜨고
오늘을 생각해도
길(吉)할 것인지 악(惡)할 것인지
미리 즈음질 할 수가 없다

새벽이여 새벽이여
좋은 길로 인도해 주시고
나를 위험에 빠지지 않게 하고
오늘의 복을 빕니다.

먼 산

먼 산은
나이 많은 영감님 같다
그 뒤는 하늘이고
슬기로운 말씀하신다

사람들은 다 제각기이고
통일이 없지만
하늘의 이치를 알게 되면
달라지리라고 —
먼 산은
애오라지 역사의 거울
우리 인간은
그 침묵에서 배워야 하리……

노 래

나는 아침 다섯 시가 되면
산으로 간다
서울 북부인 이 고장은
지극한 변두리다
산이 아니라
계곡이라고 해야겠다
자연스레 노래를 부른다

내같이 노래를 못 부르는 내가
목청껏 목을 뽑는다
바위들도 그 묵직한 바위들도
춤을 추는 양하고
산등성이가 몸을 움직이는 양하고
새소리들도 내게 음악을 주고
나무들도 속삭이는 것 같다
나는 노래한다 나는 노래한다.

촌 놈

나는 의정부시 변두리에 살지만
서울과는 80미터 거리다
그러니 서울과 교통상으로는
별다름이 없지만
바로 근처에 논과 밭이 있으니
나는 촌놈인 것이다
서울에 살면
구백만 명 중의 한 사람이지만
나는 이제 그렇지가 않다.
촌놈은 참으로 행복하다
나는 노래 불러야 한다
이 대견한 행복을
어찌 노래 부르지 않으리요
하늘이여 하늘이여
나의 노래는 하늘의 것입니다.

성총(聖寵)

주일의 예배 시간에
나는 어린이처럼
눈물겨워집니다.
목사님의 훌륭한 설교와
그리고 또 한 가지
천수백 명의 진지한 신앙동지들의
빛나는 눈동자와
뜨거운 마음과
밝은 얼굴을 보면 볼수록
나 같은 어리석은 놈도
어찌 가슴이 타지 않겠습니까?

불타오르는
이 가슴을
나는 고마우시고 슬기로우신
주님의 은혜로운
성총이라고 믿고 싶습니다.

꿈

잠을 자면
꿈을 꿀 때도 있고
안 꿀 때도 있다

꿈을 꾸는 날이면
그 꿈속에 빠져들고
나는 행복해진다

꿈은 여러 가지다
매일밤같이
꿈은 한사코 다양하다

늙은 나는
아이도 없는 나는
애오라지 꿈에 살고 있다.

집

나는 오십여섯 살이나 된 지금에도
집이라곤 없다
셋방살이다

세상에는 집도 많건만
어찌하여서
내겐 집이 없는가

옛날의 예수님도
집이 없었는데
나는 셋방이라도 있으니
그저 영광이다.

아기 욱진

시화전 관계로 부산에 내려왔다
다정한 친구 정용해 씨 집에 머무는데
정용해 씨의 손자 욱진에게
그만 미칠 지경으로 반해 버렸다.

만 이 년 보름된 욱진은
어른을 공경할 줄 알고
축구도 야구도 할 줄 알고
텔레비 영향인지 못하는 것이 없다.

할머니보고
할아버지 탯지하라고 조르는 아이
나는 그만 반해 버렸다.

부산은 지세가 좋아서
이런 아이가 태어나는가 보다.

네 살짜리 은혜

은혜는 우리집에 세 들어 사는
홍씨의 외동딸인데
귀엽고 사랑스런 아이다.

네 살인 데도 벌써
'네'하고 '그래요' 한다.

나를 '할아버지'라고 부르고
내 아내를 고모라고 부른다.

어떻게나 깜찍한지
은혜 앞에서는 거짓말을 못한다.

아빠 엄마 어느 쪽이 좋으냐고 물으면
다 좋다고 대답하고
하하 웃는다.

예수님 초상

한 이 주일 전까지만 해도
액자에 곱게 들어 있는
예수님 초상이 있었습니다.
그 초상은
아내가 교회의 전도사님께
얻었다고 했었습니다.
그 초상을 눈여겨보면
많은 양떼들 속에서의
예수님이신데
조금 먼 데는 양떼들투성이고
예수님 오른발 왼발 바로 옆에는
각기 두 마리씩의 양이
엄숙하게 예수님을
질서 있게 영리하게
지키고 있었습니다.
그 네 마리의 양은
양으로 변신한 천사님일 거라고
나는 굳게 믿고 있었는데

무슨 일로
그 초상이 없어졌습니다.
그게 무슨 일이었겠습니까?
그 예수님 초상 없으면
내 생존 가치는 없는 거나 같습니다.
아내여! 아내여!
제발 꼭 같은 초상을 구해 달라고
사정사정했댔지만
아무러한 반응이 없으니
나는 지금
한쪽 다리와
한쪽 팔만으로
살고 있는 것 같습니다.

예수님! 예수님!
제발 돌아와 주소서
그렇잖으면 저는
한 알의 흙과 같습니다.

인 형

내 방 라디오 위에 섰는
귀염둥이 인형은
국민학교 육학년 조카딸 첫돌에
아내가 사 줬다고 하니
12년 전 태어났다.

조카딸은 집에서 개구쟁이 동생이
인형을 망가지게 할까 봐
우리 방에 가지고 와서는
애지중진데
사실은 내가 딸같이 사랑한다.

아름다운 치마 저고리는
아내가 새로 지었고
귀여운 모자는 조카딸 솜씬데
입보다 더 큰 눈 부릅뜨고
조카딸이 곱살스레 빗은 머리털하며……

하 늘

낮 하늘에 태양이 이글이글
뭇구름들이 왔다갔다하며
새소리 아련하다.

밤하늘은 별이 빛나고
달빛이 교교해
들엔 풀벌레 소리

시간은 약속도 없이 가고
하늘은 높으기만 해
가이없는 것 끝이 없으랴.

저승가는 데도
　　여비가 든다면

고향 · 소릉조 · 불혹의 추석

마음 마을 · 날개 · 피리

광화문 근처의 행복 · 찬물 · 나의 가난함

아버지 제사 · 나의 가난은 · 삼청공원에서

한 가지 소원 · 약속 · 술 · 술 · 막걸리

간의 반란 · 땅 · 내 집 · 어두운 밤에

수락산 하변/ 5 · 동창 · 김종삼 씨 가시다

주막에서 · 구름 · 만추 · 아가야 · 회상/ 2

편지 · 진혼가 · 생일 없는 놈 · 무덤 · 무제

고 향

내 고향은 경남 진동,
마산에서 사십 리 떨어진 곳
바닷가이며
산천이 수려하다.

국민학교 1년 때까지 살다가 떠난
고향도 고향이지만
원체 고향은 대체 어디인가?
태어나기 전의 고향 말이다.

사실은 사람마다 고향타령인데
나도 그렇고 다 그런데
태어나기 전의 고향타령이 아닌가?
나이 들수록 고향타령이다.

무(無)로 돌아가자는 타령 아닌가?
경남 진동으로 가잔 말이 아니라
태어나기 전의 고향 — 무(無)로의
고향타령이다. 초로(初老)의 절감이다.

소릉조(小陵調)
── 칠십 년 秋日에

아버지 어머니는
고향 산소에 있고

외톨배기 나는
서울에 있고

형과 누이들은
부산에 있는데

여비가 없으니
가지 못한다.

저승 가는 데도
여비가 든다면

나는 영영
가지도 못하나?

생각느니, 아,
인생은 얼마나 깊은 것인가.

불혹(不惑)의 추석

침묵은 번갯불 같다며,
아는 사람은 떠들지 않고
떠드는 자는 무식이라고
노자께서 말했다.

그런 말씀의 뜻도 모르고
나는 너무 덤볐고
시끄러웠다.

혼자의 추석이
오늘만이 아니건마는
더 쓸쓸한 사유는
고칠 수 없는 병 때문이다.

막걸리 한 잔,
빈촌 막바지 대폿집
찌그러진 상 위에 놓고,
어버이의 제사를 지낸다.

다 지내고
음복을 하고
나이 사십에
나는 비로소
나의 길을 찾아간다.

마음 마을

내 마음의 마을을
구천동(九千洞)이라 부른다.
내가 천씨(千氏)요 구천(九千)만큼
복잡다단한 동네다.

비록 동네지만
경상남도보다 더 넓고
서울특별시도 될 만하고
또 아주 조그만 동내(洞內)밖에
안 될 때도 있다.

뉴욕의 마천루(摩天樓) 같은
고층건물이 있는가 하면
초가 지붕도 있고
태고 시대의 동굴도 있다.

이 마을 하늘에는
사시장철 새가 날아다니고
그렇지 않을 때는
흰구름이 왕창 덮인다.

이 마을 법률은
양심이 있을 뿐이고
재판소 따위로는
양심법재판소 밖에는 없다.

여러 가지로 지적하려면
만자(萬字)도 모자란다.
복잡하고 복잡한 이 마음 마을이여.

날 개

날개를 가지고 싶다.
어디론지 날 수 있는
날개를 가지고 싶다.
왜 하느님은 사람에게
날개를 안 다셨는지 모르겠다.
내같이 가난한 놈은
여행이라고는 신혼여행뿐인데
나는 어디로든지 가고 싶다.
날개가 있으면 소원 성취다.
하느님이여
날개를 주소서 주소서……

피 리

피리를 가졌으면 한다.
달은 가지 않고
달빛은 교교히 바람만 더불고—
벌레 소리도
내 마음의 슬픈 가락에 울리어 오는
아! 피리는 어느 곳에 있는가
옛날에는
달 보신다고 다락에선 커다란 잔치
피리 부는 악관(樂官)이 피리를 불면
고운 궁녀들 춤을 추었던
나도 그 피리를 가졌으면 한다
볼 수가 없다면은
만져라도 보고 싶은
이 밤
그 피리는 어느 곳에 있는가.

광화문 근처의 행복

광화문에,
옛 이승만 독재와
과감하게 투쟁했던 신문사.
그 신문사의 논설위원인
소설가 오상원은 나의 다정한 친구.

어쩌다 만나고픈 생각에
전화 걸면
기어코 나의 단골인
'아리랑' 다방에 찾아온 그.
모월 모일, 또 그랬더니
와서는 내 찻값을 내고
그리고 천 원짜리 두 개 주는데—
나는 그때

"오늘만은 나도 이렇게 있다"고
포켓에서 이천 원 끄집어 내어
명백히 보였는데도
"귀찮아! 귀찮아!" 하면서
자기 단골 맥주집으로의 길을 가던 사나이!

그 단골집은
얼마 안 떨어진 곳인데
자유당 때 휴간당하기도 했던
신문사의 부장 지낸 양반이
경영하는 집으로
셋이서
그리고 내 마누라까지 참석케 해서
자유와 행복의 봄을—
꽃동산을—
이룬 적이 있었습니다.

하느님!
저와 같은 버러지에게
어찌 그런 시간이 있게 했습니까?

찬 물

나는 찬물 잘도 마십니다.
'물민족'이라며, 자꾸자꾸 마십니다.
그러면 생기가 솟구치며
남들에게 뒤지지 않게 됩니다.

자연의 정기를, 멀기는 하지만
흉내라도 내야 할 일이겠습니다.
만주의 송화강을 건너서
남쪽으로 올 때
우리 선조들이
'물' '물' 했듯이—

하늘 나는 새처럼, 하늘투성처럼,
나는 그저 찬물투성입니다.
생기가 있어야
인생을 놓치지 않는 법입니다.

나의 노래는 미약하지만

그 노래 끝에는
반드시 찬물 생기(生氣)가 있어서
먼 데까지 가지 않을까 생각합니다.

나의 가난함

나는 볼품없이 가난하지만
인간의 삶에는 부족하지 않다.
내 형제들 셋은 부산에서 잘살지만
형제들 신세는 딱 질색이다.

각 문학사에서 날 돌봐 주고
몇몇 문인들이 날 도와 주고

그러니 나는 불편함을 모른다.
다만 하늘에 감사할 뿐이다.

이렇게 가난해도
나는 가장 행복을 맛본다.
돈과 행복은 상관없다.
부자는 바늘귀를 통과해야 한다.

아버지 제사

아버지 제삿날은 음력 구월 초사흗날
올해도 부산에 못 가니
또! 또!
아버님 영혼께서 화내시겠습니다.

가난이 천생(天生)인 것을
아버지 영혼이시여 살펴주소서
아버님 생전에
"가난하게 살아야 복이 있다"고
하시지 않으셨습니까?

아버지는 젊을 때
천석꾼이었는데
일본놈에게 속아 다 날리고
도일(渡日)하여 돈을 버신 아버님.

아버지! 아버지!
지금까지 생존하셨다면

팔십이 살짝 넘으셨을 아버지
오로지 천국에서 천복을 누리옵소서.

나의 가난은

오늘 아침은 다소 행복하다고 생각는 것은
한 잔 커피와 갑 속의 두둑한 담배,
해장을 하고도 버스값이 남았다는 것.

오늘 아침을 다소 서럽다고 생각는 것은
잔돈 몇 푼에 조금도 부족이 없어도
내일 아침 일도 걱정해야 하기 때문이다.

가난은 내 직업이지만
비쳐 오는 이 햇빛에도 떳떳할 수가 있는 것은
이 햇빛에도 예금통장은 없을 테니까……

나의 과거와 미래
사랑하는 내 아들딸들아,
내 무덤가 무성한 풀섶으로 때론 와서
괴로웠을 그런대로 산 인생 여기 잠들다,
라고,
씽씽 바람 불어라……

삼청공원에서
— 어머니 가시다

1

 서울에서 제일 외로운 공원으로 서울에서 제일 외로운 사나이가 왔다. 외롭다는 게 뭐 나쁠 것도 없다고 되뇌이면서…… 이맘때쯤이 그곳 벚나무를 만발하게 하는 까닭을 사나이는 어렴풋이 알 것만 같았다. 벚꽃 밑 벤치에서 만산(滿山)을 보듯이 겨우 의젓해지는 것이다. 쓸쓸함이여, 아니라면 외로움이여, 너에게도 가끔은 이와 같은 빛 비치는 마음의 계절은 있다고, 말 전해다오.

2

 저 벚꽃잎 속에는 십여 년 전 작고하신 아버지가 생전의 가장 인자했던 모습을 하고 포즈를 취하고 있고, 여섯에 요절한 조카가 갓핀 어린 꽃잎 가에서 파릇파릇 웃고 있는 것이다. 어머니, 어머니는 어디 계세요……

한 가지 소원(所願)

나의 다소 명석한 지성과 깨끗한 영혼이
흙 속에 묻혀 살과 같이
문드러지고 진물이 나 삭여진다고?

야스퍼스는
과학에게 그 자체의 의미를 물어도
절대로 대답하지 못한다고 했는데—

억지밖에 없는 엽전 세상에서
용케도 이때껏 살았나 싶다.
별다른 불만은 없지만,

똥걸레 같은 지성은 썩어 버려도
이런 시를 쓰게 하는 내 영혼은
어떻게 좀 안 될지 모르겠다.

내가 죽은 여러 해 뒤에는
꾹 쥔 십 원을 슬쩍 주고는
서울길 밤버스를 내 영혼은 타고 있지 않을까?

약 속

한 그루의 나무도 없이
서러운 길 위에서
무엇으로 내가 서 있는가

새로운 길도 아닌
먼 길
이 길은 가도가도 황톳길인데

노을과 같이
내일과 같이
필연코 내가 무엇을 기다리고 있다.

술

나는 술을 좋아한다.
그것도 막걸리로만
아주 적게 마신다.

술에 취하는 것은 죄다.
죄를 짓다니 안될 말이다.
취하면 동서사방을 모른다.

술은 예수 그리스도님도 만드셨다.
조금씩 마신다는 건
죄가 아니다.

인생은 고해(苦海)다.
그 괴로움을 달래 주는 것은
술뿐인 것이다.

술

술 없이는 나의 생을 생각 못한다.
이제 막걸리 왕대폿집에서
한 잔 하는 걸 영광으로 생각한다.

젊은 날에는 취하게 마셨지만,
오십이 된 지금에는
마시는 것만으로 만족한다.

아내는 이 한 잔씩에도 불만이지만
마시는 것이 이렇게 좋은 줄을
어떻게 설명하란 말인가?

막걸리

나는 술을 좋아하되
막걸리와 맥주밖에 못 마신다.

막걸리는
아침에 한 병(한 되) 사면
한 홉짜리 작은 잔으로
생각날 때만 마시니
거의 하루 종일이 간다.

맥주는
어쩌다 원고료를 받으면
오백 원짜리 한 잔만 하는데
마누라는
몇 달에 한 번 마시는 이것도 마다한다.

세상은 그런 것이 아니다.
음식은
내가 즐거움을 느끼는 때는
다만 이것뿐인데

어찌 내 한 가지뿐인 이 즐거움을
마다하려고 하는가 말이다.

우주도 그런 것이 아니고
세계도 그런 것이 아니고
인생도 그런 것이 아니다.

목적은 다만 즐거움인 것이다.
즐거움은 인생의 최대 목표이다.

막걸리는 술이 아니고
밥이나 마찬가지다
밥일 뿐만 아니라
즐거움을 더해 주는
하느님의 은총인 것이다.

간(肝)의 반란

60 먹은 노인과 마주앉았다.
걱정할 거 없네
그러면 어쩌지요?
될 대로 될 걸세……

보지도 못한 내 간이
괘씸하게도 쿠데타를 일으켰다.
그 쪼무래기가 뭘 할까마는
아직도 살고픈 목숨 가까이 다가온다.

나는 원래 쿠데타를 좋아하지 않는다.
그 수습을
늙은 의사에게 묻는데,
대책이라고는 시간 따름인가!

땅

나도 땅을 가지고 싶다
내가 좋아하는 민병하 선생님도
수원 근처에 오천 평이나 가졌는데……

싼 땅이라도 좋으니
한 평이라도 땅을 가지고 싶다
땅을 가졌다는 것은 얼마나 좋으랴……

땅을 가지고 싶지만
돈이 있어야 한다
돈을 많이 벌어야겠다.

땅을 가지고 있으면
초목(草木)을 가꾸고
꽃을 심겠다.

내 집

 누가 나에게 집을 사 주지 않겠는가? 하늘을 우러러 목터지게 외친다. 들려다오 세계가 끝날 때까지…… 나는 결혼식을 몇 주 전에 마쳤으니 어찌 이렇게 부르짖지 못하겠는가? 천상의 하느님은 미소로 들을 게다. 프랑스의 아르투르 랭보 시인은 영국의 런던에서 짤막한 신문광고를 냈다. 누가 나를 남쪽 나라로 데려가지 않겠는가. 어떤 선장이 이것을 보고 쾌히 상선에 실어 남쪽나라로 실어 주었다. 그러니 거인처럼 부르짖는다. 집은 보물이다. 전세계가 허물어져도 내 집은 남겠다……

어두운 밤에

수만 년 전부터
전해 내려온 하늘에
하나, 둘, 셋, 별이 흐른다.

할아버지도
아이도
다 지나갔으나
한 청년이 있어 시를 쓰다가 잠든 밤에……

수락산 하변·5

우리집도 초가요 옆집도 초가야
우리집 주인은 서울 백성
옆집 사람과는 인사한 적이 없다.

길을 건너고 대하고 있으니
옆집의 위치는
아프리카 대륙이다.

우리집에는 주인말고도 세 가구가 있다.
그러니 인구밀도가 국제적이다.
무려, 열네 사람이나 되니.

우리집은 한 마리밖에 없는 개를 팔다니
신문에 나는 개발도상국인가?
옆집은 TV 안테나가 섰으니
선진국이다.

나는 우리집 주인의 이름도 알고

친절하기가 극진하지마는
옆집 주인은 예수 그리스도인가?

동 창

지금은 다 뭣들을 하고 있을까?
지금은 얼마나 출세를 했을까?
지금은 어디를 걷고 있을까?

점심을 먹고 있을까?
지금은 이사관이 됐을까?
지금은 가로수 밑을 걷고 있을까?

나는 지금 걷고 있지만,
굶주려서 배에서 무슨 소리가 나지마는
그들은 다 무엇들을 하고 있을까?

김종삼(金宗三) 씨 가시다

종삼 형님 가시다.
그렇게도 친했고
늘 형님 형님으로 부르던
종삼 형이 드디어 가시다.

언제나 고전음악을 좋아했고
사랑한 종삼 형은
너무나 선량하고 순진하던
우리의 종삼 형이 천국에 가셨다.

내가 늘 신세졌고
가르침을 주던 종삼 형
참으로 다감하고 다정하던 종삼 형
말없던 그 침묵의 사나이
언제 내가 죽어서 다시 만나랴?

주막에서

— 도끼가 내 목을 찍은 그 훨씬 전에 내 안에서
　죽어간 즐거운 아기를 〈장 주네〉

골목에서 골목으로
저기 조그만 주막집
할머니 한 잔 더 주세요.
저녁 어스름은 가난한 시인의 보람인 것을……
흐리멍텅한 눈에 이 세상은 다만
순하디 순하기 마련인가
할머니 한 잔 더 주세요.
몽롱하다는 것은 장엄하다.
골목 어귀에서 서툰 걸음인 양
밤은 깊어 가는데
할머니 등뒤에
고향의 뒷산이 솟고
그 산에는
철도 아닌 한겨울의 눈이 펑펑
쏟아지고 있는 것이다.
그 산 너머
쓸쓸한 성황당 꼭대기,
그 꼭대기 위에서

함박눈을 맞으며, 아기들이 놀고 있다.
아기들은 매우 즐거운 모양이다.
한없이 즐거운 모양이다.

구름

하늘에 둥둥 떠 있는 구름은
지상을 살피러 온 천사님들의
휴식처가 아닐까.

하느님을 도우는 천사님이시여
즐겁게 쉬고 가시고
잘되어 가더라고 말씀하소서.

눈에 안 보이기에
우리가 함부로 할지 모르오니
널리 용서하소서.

만추(晩秋)
── 주일(主日)

내년 이 꽃을 이을 씨앗은
바람 속에 덧없이 뛰어들어 가지고
핏발 선 눈길로 행방을 찾는다.

숲에서 숲으로, 산에서 산으로
무전여행을 하다가
모래사장에서 목말라 혼이 난다.

어린양 한 마리 돌아오다
땅을 말없이 다정하게 맞으며
안락의 집으로 안내한다.

마리아.
나에게도 이 꽃의 일생을 주십시오.

아가야

 해뜨기 전 새벽 중간쯤 희부연 어스름을 타고 낙심을 이리저리 깨물며 사직공원 길을 간다. 행인도 드문 이 거리 어느 집 문 밖에서 서너 살 됨 직한 잠옷 바람의 앳된 계집애가 울고 있다. 지겹도록 슬피운다. 지겹도록 슬피운다. 웬일일까? 개와 큰집 대문 밖에서 유리 같은 손으로 문을 두드리며 이 애기는 왜 울고 있을까? 오줌이나 싼 그런 벌을 받고 있는 걸까? 자주 뒤돌아보면서 나는 무심할 수가 없었다.

 아가야, 왜 우니? 이 인생의 무엇을 안다고 우니? 무슨 슬픔당했다고, 괴로움이 얼마나 아픈가를 깨쳤다고 우니? 이 새벽 정처 없는 산길로 헤매어 가는 이 아저씨도 울지 않는데……

 아가야, 너에게는 그 문을 곧 열어 줄 엄마 손이 있겠지. 이 아저씨에게는 그런 사랑이 열릴 문도 없단다. 아가야 울지 마! 이런 아저씨도 울지 않는데……

회상(回想) · 2

그 길을 다시 가면
봄이 오고

고개를 넘으면
여름빛 쬐인다.

돌아오는 길에는
가을이 낙엽 흩날리게 하고

겨울은 별 수 없이
함박눈 쏟아진다.

내가 네게 쓴
사랑의 편지

그 사랑의 글자에는
그러한 뜻이, 큰 강물 되어 도도히 흐른다.

편지

1

아버지 어머니, 어려서 간 내 다정한 조카 영준이도, 하늘나무 아래서 평안하시겠지요. 그새 시인 세 분이 그 동네로 갔습니다. 수소문해 주십시오. 이름은 조지훈, 김수영, 최계락입니다. 만나서 못난 아들의 뜨거운 인사를 대신해 주십시오. 살아서 더없는 덕과 뜻을 저에게 주었습니다. 그리고 자주 사귀세요. 그 세 분만은 저를 욕하진 않을 겝니다. 내내 안녕하십시오.

2
아침 햇빛보다
더 맑았고

전세계보다
더 복잡했고

어둠보다
더 괴로웠던 사나이들

그들은
이미 가고 없다.

진혼가(鎭魂歌)
―저쪽 죽음의 섬에는 내 청춘의 무덤도 있다 〈니체〉

태고적 고요가
바다를 딛고 있는
그곳.

안개 자욱이
석유불처럼 흐르는
그곳.

인적 없고
후미진
그곳.

새 무덤
물결에 씻긴다.

생일 없는 놈

나 같은 어리석은 놈에겐
생일잔치가 없었습니다.
오십두 살인 데도
단 한 번도 없었고
앞으로도 없을 겁니다.

있기 마련인 잔친데
왜 없었을까요?
간단한 이유입니다.
30년 음력 설날에
이놈이 태어났기 때문입니다.

어버이는 어버이대로
설날 준비와
제사 모실 생각에
온 마음이 팔렸었고
나는 나대로
생일 생각은 전무(全無)할 수밖에는……

무 덤

동양의 무덤은 자연주의 같고
서양의 무덤은 합리주의 같고
동양의 무덤은 지연합일이고
서양의 무덤은 편리

풀과 흙
부드러운 선과 부피
아름드리 고요한 분위기
이것이 우리 무덤의 모습이고 —

빈틈없이 짜여진 공간 속에
되도록 조그마한 부리로 섰는 십자가
찾는 사람 별로 없는 곳
이것이 코쟁이의 무덤 모습이고 —

우리집 산소는
경남 창원군 진북면
대티마을 뒷산인데
일 년에 한 번씩 설날에 찾아간다.

무제(無題)

모래알 사장이 깔렸고
모래알은 너무도 지나치게 적다.
모래는 물결과 더불어 한 군데로 몰려드누나.
큰 배는 항구의 바다로 직접 흘러 들어오고
적은 물결이 실같이 가운데로 들고
큰 골짜기는 근처의 계곡에 있었다.

  砂甚小粒 砂流壹直
  船入港入 波濤極甚
  小波點中 大谷間溪

사는 대로 살다가

동네 · 변두리 · 먼 산

계곡흐름 · 국화꽃 · 꽃은 훈장

꽃의 위치에 대하여

새 · 새 · 새/2 · 새/3 · 새

한낮의 별빛 · 서대문에서 · 미소 · 그날은

새 세 마리 · 갈대 · 새소리 · 들국화

선경/1 · 약수터 · 덕수궁의 오후

푸른 것만이 아니다

비 · 비 · 비/7 · 비/8 · 비/9 · 비/11

장마 · 시냇물가/ 5 · 강물 · 갈매기

동 네

나 사는 곳
도봉구 상계1동
서울의 최북방이고
변두리의 변두리.

수락산과 도봉산
양편에 우뚝 솟고
공기 맑고 청명하고
산 위 계곡은 깨끗하기 짝없다.

통틀어 조촐하고
다방 하나 술집 몇 개
이발소와 잡화점
이 동네 그저 태평성대.

여긴 서울의 별천지
말하자면 시골 풍경
사람들은 다 순박하고
자연을 사랑하고 향토(鄕土) 아끼다.

변두리

이 근처는 버스로 도심지까지 가려면
약 1시간이 걸리는 변두리.
수락산 아랫마을이다.

물 좋고 산 좋은 이곳.
사람도 두터운 인심이다.
그래서 살기 좋은 고장이다.

오늘은 부실부실 비가 오는데.
날은 음산하고 봄인데도 춥다.
그래서 나는 이곳이 좋아 이곳이 좋아.

먼 산

나는 의정부시에 사는데
먼 산이 바라보이고
뭔가 내게 속삭이는 것 같고
나를 자꾸 부르는 것 같다.

게으름뱅이인 나는
찾아가지는 안 했지만
언젠가 한 번은
놀러 갈까 한다.

먼 산은 아주 옛날처럼 보이고
할아버지 같기도 하고
돌아가신 분들 같기도 하고
황성옛터 같다.

계곡흐름

나는 수락산 아래서 사는데,
여름이 되면
새벽 다섯 시에 깨어서
산 계곡으로 올라가
날마다 목욕을 한다.
아침마다 만나는 얼굴들의
제법 다양한 이야기들

큰 바위 중간 바위 작은 바위
그런 바위들이 숱하고
나무도 우거지고
졸졸졸 졸졸졸
윗바위에서 떨어지는 물소리

더러는 무르팍까지
잠기는 물길도 있어서……
(내가 가는 곳은 그런 곳)
목욕하고 있다 보면
계곡흐름이 그윽한 정취

국화꽃

오늘만의 밤은 없었어도
달은 떴고
별은 반짝였다.

괴로움만의 날은 없어도
해는 다시 떠오르고
아침은 열렸다.

무심만이 내가 아니라도
탁자 위 컵에 꽂인
한 송이 국화꽃으로
나는 빛난다!

꽃은 훈장

꽃은 훈장이다.
하느님이 인류에게 내리신 훈장이다
산야에 피어 있는 꽃의 아름다움.

사람은 때로 꽃을 따서 가슴에 단다
훈장이니까 할 수 없는 일이다
얼마나 의젓한 일인가.

인류에게 이런 은상을 내린 하느님은
두고두고 축복되어 마땅한 일이다
전진을 거듭하는 인류의 슬기여.

꽃의 위치에 대하여

꽃이 하등 이런 꼬락서니로 필게 뭐람
아름답기 짝이 없고 상냥하고 소리없고
영 터무니없이 초대인적인(超大人的)이기도 하구나.

현명한 인간도 웬만큼 해서는 당하지 못하리니……
어떤 절색황후께서도 되려 부끄러워했을 것이다.
이런 이름 짓기가 더러 있었지 않는가 싶다.

미스터 유니버시티일지라도 우락부락해도……
과연 이 꽃송이를 함부로 꺾을 수가 있을까……
한다는 수작이 그 찬송가(讚頌歌)가 아니었을까……

새

저것 앞에서는
눈이란 다만 무력할 따름.
가을 하늘가에 길게 뻗친 가지 끝에
점찍힌 저 절대정지를 보겠다면……

본다는 것은 무엇인가
있는 것과 없는 것의
미묘하기 그지없는 간격을
이어 주는 다리(橋)는 무슨 상형인가.

저것은
무너진 시계(視界) 위에 슬며시 깃을 펴고
핏빛깔의 햇살을 쪼으며
불현듯이 왔다 사라지지 않는가.

바람은 소리없이 이는데
이 하늘, 저 하늘의
순수균형을
그토록 간신히 지탱하는 새 한 마리.

새

외롭게 살다 외롭게 죽을
내 영혼의 빈 터에
새날이 와 새가 울고 꽃잎 필 때는,
내가 죽는 날,
그 다음날.

산다는 것과
아름다운 것과
사랑한다는 것과의 노래가
한창인 때에
나는 도랑과 나뭇가지에 앉은
한 마리 새.

정감에 가득 찬 계절
슬픔과 기쁨의 주일
알고 모르고 잊고 하는 사이에
새여 너는
낡은 목청을 뽑아라.

살아서
좋은 일도 있었다고
나쁜 일도 있었다고
그렇게 우는 한 마리 새.

새 · 2

그러노라고
뭐라고 하루를 지껄이다가,
잠잔다 —

바다의 침묵, 나는 잠잔다.
아들이 늙은 아버지 편지를 받듯이
꿈을 꾼다.

바로 그날 하루에 말한 모든 말들이,
이미 죽은 사람들의 외마디 소리와
서로 안으며, 사랑했던 것이나 아니었을까?
그 꿈속에서……

하루의 언어를 위해, 나는 노래한다.
나의 노래여, 나의 노래여,
슬픔을 대신하여, 나의 노래는 밤에 잠잔다.

새 · 3

저 새는 날지 않고 울지 않고
내내 움직일 줄 모른다.
상처가 매우 깊은 모양이다.
아시지의 성프란시스코는
은총 설교를 했다지만
저 새는 그저 아프기만 한 모양이다.
수백 년 전 그날 그 벌판의 일몰과 백야는
오늘 이 땅 위에
눈을 내리게 하는데
눈이 내리는데……

새
── 아폴로에서

  참으로 오랜만에 음악을 듣는 것이다. 내 마음의 빈터에 햇살이 퍼질 때, 슬기로운 그늘도 따라와 있는 것이다. 그늘은 보다 더 짙고 먹음직한 빛일지도 모른다.
  새는 지금 어디로 갔을까? 골짜구니를 건너고 있을까? 내 마음 온통 세 내어주고 외국여행을 하고 있을까?
  돌아오라 새여! 날고 노래하기 위해서가 아니고! 이 그늘의 외로운 찬란을 착취하기 위하여!

한낮의 별빛
—새

돌담 가까이
창가에 흰 빨래들
지붕 가까이
애기처럼 고이 잠든
한낮의 별빛을 너는 보느냐……

슬픔 옆에서
지겨운 기다림
사랑의 몸짓 옆에서
맴도는 저 세상 같은
한낮의 별빛을 너는 보느냐……

물결 위에서
바윗덩이 위에서
사막 위에서
극으로 달리는
한낮의 별빛을 너는 보느냐……

새는
온갖 한낮의 별빛계곡을 횡단하면서
울고 있다.

서대문에서
—새

 지난날, 너 다녀간 바 있는 무수한 나뭇가지 사이로 빛은 가고 어둠이 보인다. 차가웁다. 죽어가는 자의 입에서 불어오는 바람은 소슬하고, 한 번도 정각을 말한 적 없는 시계탑 침이 자정 가까이에서 졸고 있다. 계절은 가장 오래 기다린 자를 위해 오고 있는 것은 아니다.
 너 새여……

미 소
── 새

1
입가 흐뭇스레 진 엷은 웃음은,
삶과 죽음 가에 살짝 걸린
실오라기 외나무다리.

새는 그 다리 위를 날아간다.
우정과 결심, 그리고 용기
그런 양 나래 저으며……

풀잎 슬몃 건드리는 바람이기보다
그 뿌리에 와 닿아 주는 바람
이 가슴팍에서 빛나는 햇발.

오늘도 가고 내일도 갈
풀밭 길에서
입가 언덕에 맑은 웃음 몇 번인가는……

2
햇빛 반짝이는 언덕으로 오라
나의 친구여.

언덕에서 언덕으로 가기에는
수많은 바다를 건너야 한다지만

햇빛 반짝이는 언덕으로 오라
나의 친구여……

그날은
― 새

이젠 몇 년이었는가
아이롱 밑 와이셔츠같이
당한 그날은……

이젠 몇 년이었는가
무서운 집 뒤 창가에 여름 곤충 한 마리
땀흘리는 나에게 악수를 청한 그날은……

내 살과 뼈는 알고 있다.
진실과 고통
그 어느 쪽이 강자인가를……

내 마음 하늘
한편 가에서
새는 소스라치게 날개 편다.

새 세 마리

나는 새 세 마리와 함께 살고 있다.
텔레비 옆에 있는 세 마리 새는
꼼짝도 하지 않는다.
왜냐하면
진짜 새가 아니라
모조품이기 때문이다.

한 마리는 은행에서 만든 저금통 위에 서
있는 까치고
두 마리는 기러기 모양인데
경주에서 아내가 사가지고 왔다.
그래서 세 마리인데
나는 매일같이 이들과 산다.

나는 새를 매우 즐긴다.
평화롭고 태평이고 자유롭고
하늘이 그들의 것이기 때문이다.
나는 이들을
진짜 새처럼 애지중지한다.

갈 대

환한 달빛 속에서
갈대와 나는
나란히 소리없이 서 있었다.

불어오는 바람 속에서
안타까움을 달래며
서로 애터지게 바라보았다.

환한 달빛 속에서
갈대와 나는
눈물에 젖어 있었다.

새소리

새는 언제나 명랑하고 즐겁다
하늘 밑이 새의 나라고
어디서나 거리낌없다
자유롭고 기쁜 것이다.

즐거워서 내는 소리가 새소리다.
그런데 그 소리를
울음소리일지 모른다고
어떤 시인이 했는데, 얼빠진 말이다.

새의 지저귐은
삶의 환희요 기쁨이다.
우리도 아무쪼록 새처럼
명랑하고 즐거워하자!

즐거워서 내는 소리가
새소리이다.
그 소리를 괴로움으로 듣다니
얼마나 어처구니 없는 놈이냐.

하늘 아래가 자유롭고
마음껏 날아다닐 수 있는 새는
아랫도리 인간을 불쌍히 보고
아리랑 아리랑 하고 부를지 모른다.

들국화

산등성 외따른 데
애기 들국화,

바람도 없는데
괜히 몸을 뒤뉘인다.

가을은
다시 올 테지.

다시 올까?
나와 네 외로운 마음이
지금처럼
순하게 겹친 이 순간이 —

선경(仙境)·1
──풀

이 풀의 키는 약 일 척(尺)이나 된다.
잎을 미묘히 늘어뜨린 모양은
궁녀같기도 하고 황후같기도 하다.

빛깔은 푸른데 그냥 푸른 것이 아니고
농담미가 군데군데 끼인 채
긴 잎을 늘어뜨리니 가관이다.

엷은 느낌이 날개 있으면 날 것 같고
유독히 그 자리에 자라난 것은,
흙 속에 뿌리박은 뿌리의 은덕이다.

약수터

내가 새벽마다 가는 약수터 가에는
천하선경(天下仙境)이 다람드리 퍼진다.
요순(堯舜)이 놀까말까할 절대미경이라네.

하긴 그곳에 벌어지는 사물은 평범하지만
그 조화미의 화목색(和睦色)은 순진하다네

반드시 있을 곳에 자리잡고 있고
운치와 조화와 빛깔이 혼연일치하니
이 세계의 극치를 이루었다.

덕수궁의 오후

　나뭇잎은 오후, 멀리서 한복의 여자가 손을 들어 귀를 만진다.
　그 귀밑볼에 검은 혹이라도 있으면
　그것은 섬돌에 떨어진 적은 꽃이파리
　그늘이 된다.

　구름은 떠 있다가
　중화전의 파풍(破風)에 걸리더니 사라지고 돌아오지 않는다.

　이 잔디 위와 사도(砂道)
　다시는 못 볼 광명이 되어
　덤덤이 섰는 솔나무에 미안한 나의 병
　내가 모르는 지나가는 사람에게 인사를 한다.

　어리석음에 취하여 술도 못 마신다.
　연못가로 가서 돌을 주어 물에 던지면
　끝없이 떨어져 간다.

솔나무 그늘 아래 벤치
나는 거기로 가서 앉는다.

그러면 졸음이 와 눈을 감으면
덕수궁 전체가 돌이 되어 맑은 연못 속으로 떨어진다.

푸른 것만이 아니다

저기 저렇게 맑고 푸른 하늘을
자꾸 보고 또 보고 하는데
푸른 것만이 아니다.

외로움에 가슴 조일 때
하염없이 잎이 떨어져 오고
들에 나가 팔을 벌리면
보일 듯이 안 보일 듯이 흐르는
한 떨기 구름

삼월 사월 그리고 오월의 신록
어디서 와서 달은 뜨는가
별은 밤마다 나를 보던가.

저기 저렇게 맑고 푸른 하늘을
자꾸 보고 또 보고 보는데
푸른 것만이 아니다.

비

부슬부슬 비 내리다.
지붕에도 내 마음 한구석에도 —
멀고 먼 고향의 소식이
혹시 있을지도 모르겠구나……
아득한 곳에서
무슨 편지라든가……
나는 바흐의 음악을 들으며
그저 하느님 생각에 잠긴다.
나의 향수여 나의 향수여
나는 직접 비에 젖어 보고 싶다.
향(鄕)이란 무엇인가,
선조의 선조의 선조의 본향이여
그곳은 어디란 말이냐?
그건 마음의 마음이 아닐런지 —
나는 진짜가 된다.

비

2
저 구름의 연연한 부피는
온 하늘을 암흑대륙으로 싸았으니
괴묵(怪默)은 그냥, 비만 내리니 천만다행이다.
지금 장마철이니

저 암흑대륙에 저 만리장성이다.
우렛소리 또한 있을 만하지 않은가.

우주야말로 신비경이 아니냐?
달과 별은 한낮에 어디로 갔단 말이냐?
비는 그 청신호인지 모르지 않느냐?

3
새벽같이 올라와야 했던
이 약수는
몇 월 며칠의 빗물인지도 모르겠다.

산과 옆의 바위는 알 터이나
하늘과 구름은 뻔히 알겠지만
입이 없으니 안타까울 따름이다.

이 약수를 마시는 데는 지장이 없고
맛이 달라질 수는 없을 것이니
재수형통만 빌 뿐이다.

4
상식적으로 비는 삼라만상 위에 내린다.
그런데 지붕뿐인 줄 알고
내실의 꽃병은 아니 맞는 줄 안다.

생각해 보라
삼라만상은 이 우주의 전부이다.
그러니 그 꽃병도 한참 맞고 있는 것이다.

생리(生理)는 그 꽃병을 안 맞게 하지만
실존은 그 꽃병의 진짜 정신을

지붕 위에 있게 하여 비를 맞는 것이다.

5
물의 원소는
수소 두 개와 산소이지만
벌써 중학생 때 익혀 알았다.

그런데 알 수 없는 것은
그 수소와 산소 뒤에는
도대체 무엇이 들어 있단 말인가……

공포할 만한 야수가 들어 있다.
수소 뒤에는 수소폭탄이
산소 뒤에는 원자폭탄이……

6
나는 국민학교 때는
비가 오기만 하면
학교엘 가지 아니하였다.

이제는 천국에 가신 어머니에게
한사코 콩을 볶아달라고 하여
몸이 아프다고 핑계했었다.

이제는 나가겠으나
이미 나이가 사십이니
이 세계를 거꾸로 한들 소용이 없다.

비 · 7

팔월 장마비는 늦은뱅이다.
농사에는 알맞아 들 테지마는,
인간에겐 하찮은 쓰레기일 것이니……

먼 데 제주도 생각이 불현듯 나니……
아직 한 번도 못 가본 제주도여
마치 런던 옆에나 있는 것이 아니냐.

애오라지 못 갈 바에야
바닷가로나 가서 먼 데까지 가야지……
그러면은 그 섬 향기가 날지도 모른다.

비·8

백두산 천지에는
언제나 비가 쏟아진다드냐……
단군 할아버지께서 우산을 쓰셨겠다.

압록강의 원류가 큰소리를 칠 것이니
정암(頂岩)이 소용돌이를 쳐
법조차 그 공포에 흐늘흐늘일 것이다.

백운(白雲)을 읊는 고전시는 있어도
이 산을 읊는 고전시는 없었다.
그러니 내가 읊을 수밖에 없지 않느냐.

비·9

나뭇잎이 후줄근히 비를 맞는다.
둥치도 맞고 과일도 그러하다.
표면이란 표면은 같은 운명이다.

냇물도 맞으니
이건 손자가 할아버지하고 악수하는 것이다.
동내(洞內) 사람들이 보고 흐뭇할 수밖에……

숲속 부락은 축제나 마찬가지다.
아낙네들은 내일 일을 미리 장만하고
남편들은 아름드리 술 퍼먹기에 바쁘다.

비 · 11

빗물은 대단히 순진무구하다
하루만 비가 와도
어제의 말랐던 계곡물이 불어 오른다.

죽은 김관식은
사람은 강가에 산다고 했는데
보아하니 그게 진리대왕이다.

나무는 왜 강가에 무성한가.
물을 찾아서가 아니고
강가의 정취를 기어코 사랑하기 때문이다.

장 마

내 머리칼에 젖은 비
어깨에서 허리께로 줄달음치는 비
맥없이 늘어진 손바닥에도
억수로 비가 내리지 않느냐,
비여
나를 사랑해 다오.

저녁이라 하긴 어둠 이슥한
심야라 하긴 무슨 빛 감도는
이 한밤의 골목어귀를
온몸에 비를 맞으며 내가 가지 않느냐,
비여
나를 용서해 다오.

시냇물가 · 5

시냇물이 세차게 흘러가며
심지어 파도를 쳤다.
바위에 부딪쳐 물결이 거세게 화를 냈다.

어제와 지난 밤에 비가 억수로 왔으니
산에 내린 물이 소나무 밑으로 헤매다가
드디어 계곡에 집합하여 이 꼴이다.

산세와 지세가 바다보다 높아서
자연히 밑으로 물이 흐를 수밖에,
그렇지만 오늘같이 노도를 치는 것은
처음이다.

강 물

강물이 모두 바다로 흐르는 그 까닭은
언덕에 서서
내가
온종일 울었다는 그 까닭만은 아니다.

밤새
언덕에 서서
해바라기처럼 그리움에 피던
그 까닭만은 아니다.

언덕에 서서
내가
짐승처럼 서러움에 울고 있는 그 까닭은
강물이 모두 바다로만 흐르는 그 까닭만은 아니다.

갈매기

그대로의 그리움이
갈매기로 하여금
구름이 되게 하였다.

기꺼운 듯
푸른 바다의 이름으로
흰 날개를 하늘에 묻어 보내어

이제 파도도
빛나는 가슴도
구름을 따라 먼 나라로 흘렀다.

그리하여 몇 번이고
몇 번이고
날아오르는 자랑이었다.

아름다운 마음이었다.

누군가 앉았다 간 자리

편지 · 회상/1 · 오후 · 무명

심신록/1 · 인생서가/3 · 8월의 종소리

음악 · 등불 · 哭 申東曄 · 내일의 노래

주일/1 · 주일/2 · 길 · 길

희망 · 봄 소식 · 크레이지 배가본드

광화문에서 · 은하수에서 온 사나이

다음 · 하늘 · 구름

바람에게도 길이 있다 · 달 · 흰구름

눈 · 김관식의 입관 · 유리창

나무 · 넋 · 기쁨

편 지

점심을 얻어 먹고 배부른 내가
배고팠던 나에게 편지를 쓴다.

옛날에도 더러 있었던 일.
그다지 섭섭하진 않겠지?

때론 호사로운 적도 없지 않았다.
그걸 잊지 말아 주기 바란다.

내일을 믿다가
이십 년!

배부른 내가
그걸 잊을까 걱정이 되어서

나는
자네한테 편지를 쓴다네.

회상(回想) · 1

아름다워라, 젊은 날 사랑의 대꾸는
어딜 가?
어딜 가긴 어딜 가요?

아름다워라, 젊은 날 사랑의 대꾸는
널 사랑해!
그래도 난 죽어도 싫어요!

눈오는 날 사랑은 쌓인다.
비오는 날 세월은 흐른다.

오 후

그날을 위하여
오후는
아무 소리도 없이……

귀를 기울이면
그래도
나는 나의 어머니를 부르며
울고 있다.

멀리 가까이
떠도는 하늘에
슬픔은 갈매기처럼
날아가곤 날아가곤 한다.

그것은
그 어느 날의 일이었단다.
그 어느 날의 일이었단다.

그리하여
고요한 오후는
물과 같이 나에게로 와서
나를 울리는 것이다.

귀를 기울이면
어머니를 부르는
소리가 들려 온다.

무 명(無名)

뭐라고
말할 수 없이
저녁놀이 져가는 것이었다.

그 시간과 밤을 보면서
나는 그때
내일을 생각하고 있었다.

봄도 가고
어제도 오늘 이 순간에도
빨가니 타서 아, 스러지는 놀빛

저기 저 하늘을 깎아서
하루빨리 내가
나의 무명(無名)을 적어야 할 까닭을

나는 알려고 한다.
나는 알려고 한다.

심신록(心信碌)·1

신심(信心)이 보통인데,
나는 왜 거꾸로 심신(心信)인가?
유다른 까닭은 다음에……

믿는 마음이 아니고
나는 마음을 믿는다.
마음을 굳게굳게 믿는다.

내게는 믿는 마음밖에 없고,
재부(財富)도 없고
가진 것이 없는 바이다.

인생서가(人生序歌)·3

격언은 진리 이상이야.
진리는 합리주의 의존이고
인생은 진리의 수박 겉핥기이다.

인간의 체험만이 그것에 반역한다.
경력은 흥망성쇠의 골짜구니
모든 자리는 세월의 액세서리.

내 친구는 거의 모든 것에
통달했지만 모습이 바보고,
인생은 바보까지 관대하게 처분한다.

8월의 종소리

저 소리는 무슨 소리일까?
땅의 소리인가?
하늘 소리인가?

한참 생각하니 종소리
멀리 멀리서 들리는 소리,

저 소리는 어디까지 갈까?
우주 끝까지 갈지도 모른다.
땅속까지 스밀 것이고,
천국에서도 들릴 것인가?

음 악

 이것은 무슨 음악이지요? 새벽녘 머리맡에 와서 속삭이는 그윽한 소리. 눈물 뿌리며 옛날에 듣던 이 곡의 작곡가는 평생 한 여자를 사랑하다 갔지요? 아마 그 여자의 이름은 클라라일겝니다. 그의 스승의 아내였지요? 백 년 이백 년 세월은 흘러도 그의 사랑은 아직 다하지 못한 모양입니다. 그래서 오늘 새벽녘 멀고 먼 나라 엉망진창인 이 파락호의 가슴에까지 와서 울고 있지요?

등불

저 조그마한 불길 속에
누가 타오른다.
아프다고 한다. 뜨겁다고 한다. 탄다고 한다.
허리가 다리가 뼈가 가죽이 재가 된다.
저 사람은 내가 모르는 사람이다.
아 나의 얼굴
코도 입도 속의 살도
폐가, 돌 모두가
재가 되어진다.

곡(哭) 신동엽(申東曄)

어느 구름 개인 날
어쩌다 하늘이
그 옆얼굴을 내어보일 때.

그 맑은 눈
한곬으로 쏠리는 곳
네 무덤 있거라.

잡초 무더기
저만치 가장자리에
꽃 그 외로움에 자랑하듯

신동엽!
꼭 너는 그런 사내였다.

아무리 잠깐만이라지만
그 잠깐만 두어 두고
너는 갔다.

저쪽 저
영광의 나라로!

내일의 노래

어지럽고 어두운 오늘
우리는 그리운다 내일을……
어서 오너라 내일이여 훤히 트이게……

그 내일은 우리들의 것이다.
막지 말아다오.
우리가 애타게 기다리고 있음을……

스스러움없이
우리는 내일로 간다.
맞이해다오 우리들의 환한 모습을……

주일(主日)·1

오늘같이 맑은 가을 하늘 위
그 한층 더 위에 구름이 흐릅니다.

성당 입구 바로 앞
저는 지금 기다리고 있습니다.

입구 지키는 교통순경이
닦기 끝나면 닦으려고요.

교통순경의 그 마음가짐보다
저가 못한 데서야 말이 아닙니다.

오늘같이 맑은 가을 하늘 위
그 한층 더 위에 구름이 흐릅니다.

주일 · 2

1
그는 걷고 있었습니다.
골목에서 거리로,
옆길에서 큰길로.

즐비하게 늘어선
상점과 건물이 있습니다.
상관 않고 그는 걷고 있었습니다.

어디까지 가겠느냐구요?
숲으로, 바다로.
별을 향하여
그는 쉬지 않고 걷고 있습니다.

2
낮에는 찻집, 술집으로
밤에는 여인숙.

나의 길은
언제나 꼭 같았는데……

그러나
오늘은 딴 길을 간다.

길

가도가도 아무도 없으니
이 길은 무인의 길이다.
그래서 나 혼자 걸어간다.
꽃도 피어 있구나.
친구인 양 이웃인 양 있구나.
참으로 아름다운 꽃의 생태여 —
길은 막무가내로 자꾸만 간다.
쉬어 가고 싶으나
쉴 데도 별로 없구나.
하염없이 가니
차차 배가 고파 온다.
그래서 음식을 찾지마는
가도가도 무인지경이니
나는 어떻게 할 것인가?
한참 가다가 보니
마을이 아득하게 보인다.
아슴하게 보여진다.
나는 더없는 기쁨으로

걸음을 빨리빨리 걷는다.
이 길을 가는 행복함이여.

길

길은 끝이 없구나
강에 닿을 때는
다리가 있고 나룻배가 있다.
그리고 항구의 바닷가에 이르면
여객선이 있어서 바다 위를 가게 한다.

길은 막힌 데가 없구나.
가로막는 벽도 없고
하늘만이 푸르고 벗이고
하늘만이 길을 인도한다.
그러니
길은 영원하다.

희 망

내일의 정상을 쳐다보며
목을 뽑고 손을 들어
오늘 햇살을 간다.

한 시간이 아깝고 귀중하다.
일거리는 쌓여 있고
그러나 보라 내일의 빛이

창이 앞으로 열렸다.
그 창 그 앞 그 하늘!
다만 전진이 있을 따름!

하늘 위 구름 송이 같은 희망이여!
나는 동서남북 사방을 이끌고
발걸음도 가벼이 내일로 간다.

봄 소식

입춘이 지나니 훨씬 덜 춥구나!
겨울이 지나고 봄 같으니,
달력을 아래위로 쳐다보기만 한다.

새로운 입김이여
그건 대지의 작란(作亂)인가!
꽃들도 이윽고 만발하리라.

아슴푸레히 반짝이는 태양이여
왜 그렇게도 외로운가.
북극이 온지대(溫地帶)가 될 게 아닌가.

크레이지 배가본드

1
오늘의 바람은 가고
내일의 바람이 불기 시작한다.

잘 가거라
오늘은 너무 시시하다.

뒷시궁창 쥐새끼 소리같이
내일의 바람이 불기 시작한다.

2
하늘을 안고
바다를 품고
한 모금 담배를 빤다.

하늘을 안고
바다를 품고
한 모금 물을 마신다.

누군가 앉았다 간 자리
우물가, 꽁초 토막……

광화문에서

  아침길 광화문에서 '눈물의 여왕' 그녀의 장례 행진을 본다. 만장이 나부끼고, 악대가 붕붕거리고, 여러 대의 차와 군중이 길을 메웠다. 나는 곰곰이 생각해 보았다. 죽은 내 아버지도 '눈물의 여왕' 그녀의 열렬한 팬이었댔지…… 아니다. 그런 것이 아니다. 문인들 장례식도 예총 광장에서 더러 있었다. 만장도 없고, 악대는커녕 행진은커녕 아주 형편 없는 초라하기 짝이 없는 모임이었다. 그 초라함을 위해서만이 그들은 '시'를 썼다.

은하수에서 온 사나이
── 尹東柱 論

1
깊은 밤
멍청히 누워 있으면
어디선가 소리가 난다.
방 안은 캄캄해도
지붕 위에는
별빛이 소복이 쌓인다.
그 무게로 살짝 깨어난 것일까?
그 지붕 위 별빛동네를 걷고 싶어도
나는 일어나기가 귀찮아진다.
가만히 귀 기울이면
소리가 난다.
무슨 소리일까?
지붕 위
별빛동네 선술집에서
누가 한잔 하는 모양이다.

궁금해 귀를 쭈빗하면
주정뱅이 천사의 소리 같기도 하고
도스토예프스키의 소리 같기도 하고
요절한 친구들의 소리 같기도 하고……
아닐 게다
저놈은
내 방을 기웃하는 도적놈이다.
그런데 내 방에는 훔쳐질 만한 물건이 없다.
생각을 달리 해야지.
지붕 위에는 별이 한창이다.
은하수에서 온 놈일지도 모른다.
그래도 나는 겁이 안 난다.
놈도
이 먼 데까지 와서
하릴없이 나를 살피지는 않을 것이다.
들어오라 해도
말이 통하지 않을 텐데……
그런데도 뚜렷한 우리말로
한 마디 남기고

놈은 떠났다.
"아침 해장은 내 동네에서 하시오"
건방진 자식이었는가 보다.

2
비칠 듯 말 듯
아스름히 닿아 오는
저 별은
은하수 가운데서도
제일 멀다.
이억 광년도 넘을 것이다.
그 아득한 길을
걸어가는지
버스를 타는지
택시를 잡는지도 몰라도
무사히 가시오.

다 음

멀잖아 북악에서 바람이 불고
눈을 날리며, 겨울이 온다.

그날, 눈오는 날에
하얗게 덮인 서울의 거리를
나는 봄이 그리워서 걸어가고 있을 것이다.

아무것도 없어도
나에게는 언제나
이러한 '다음'이 있었다.
이 새벽, 이 '다음'.
이 절대한 불가항력을
나는 내 것이라 생각한다.

이윽고, 내일
나의 느린 걸음은
불보다도 더 뜨거운 것으로 변하여

나의 희망은
노도(努濤)보다도 바다의 전부보다도
더 무거운 무게를 이 세계에 줄 것이다.

그러므로, 이 '다음'은
눈오는 날의 서울 거리는
나의 세계의 바다로 가는 길이다.

하 늘

무한한 하늘에
태양과 구름 더러 뜨고,
새가 밑하늘에 날으다.

내 눈 한가히 위로 보며
하늘 끊임없음을 인식하고
바람 자취 눈여겨보다.

아련한 공간이여.
내 마음 쑥스러울 만큼 어리석고
유한밖에 못 머무는 날 채찍질하네.

구 름

저건 하늘의 빈털터리꽃
뭇사람의 눈길 이끌고
세월처럼 유유하다.

갈 데만 가는 영원한 나그네
이 나그네는 바람 함께
정처없이 목적없이 천천히

보면 볼수록 허허한 모습
통틀어 무게 없어 보이니
흰색 빛깔로 상공 수놓네.

바람에게도 길이 있다

강하게 때론 약하게
함부로 부는 바람인 줄 알아도
아니다! 그런 것이 아니다!

보이지 않는 길을
바람은 용케 찾아간다.
바람길은 사통팔달이다.

나는 비로소 나의 길을 가는데
바람은 바람길을 간다.
길은 언제나 어디에나 있다.

달

달을 쳐다보며 은은한 마음
밤 열 시경인데 뜰에 나와
만사를 잊고 달빛에 젖다.

우주의 신비가 보일 듯 말 듯
저 달에 인류의 족적이 있고
우리와 그만큼 가까워진 곳

어릴 때는 멀고 먼 곳
요새는 만월이며 더 아름다운 것
구름이 스치듯 걸려 있네.

흰구름

저 삼각형의 조그마한 구름이
유유히 하늘을 떠다닌다.
무슨 볼 일이라도 있을까?
아주 천천히 흐르는 저것에는
스쳐 지나는 바람이 있을 뿐이다.
바람은 구름의 연인이다.
그래서 바람이 부는 곳으로,
구름은 어김없이 간다.
희디흰 구름이여!
어느 계절이든지
구름은 전연 상관 않는다.
오늘이 내일이 되듯이
구름은 유유하게 흐른다.

눈

고요한데 잎사귀가 날아와서
네 가슴에 떨어져 간다.

떨어진 자리는
오목하게 파인

그 순간 앗 할 사이도 없이
네 목숨을 내보내게 한
상처 바로 옆이다.

거기서 잎사귀는
지금 일심으로
네 목숨을 들여다보며 너를 본다.

자꾸 바람이 불어오고
또 불어오는데
꼼짝 않고 상처를 지키는 잎사귀

그 잎사귀는 눈이다 눈이다.
맑은 하늘의 눈 우리들의 눈 분노의
너를 부르는 어머님의 눈물어린 눈이다.

김관식(金冠植)의 입관(入棺)

심통(心痛)한 바람과 구름이었을 게다,
네 길잡이는
고단한 이 땅에 슬슬 와서는
한다는 일이
가슴에서는 숱한 구슬
입에서는 독한 먼지
터지게 토해 놓고,
오늘은 별일 없다는 듯이
싸구려 관 속에
삼베옷 걸치고
또 슬슬 들어간다.
우리가 두려웠던 것은
네 구슬이 아니라
독한 먼지였다.
좌충우돌의 미학은
너로 말미암아 비롯하고
드디어 끝난다.
구슬도 먼지도 못 되는
점잖은 친구들아

이제는 당하지 않을 것이니
되려 기뻐해 다오
김관식의 가을바람 이는 이 입관(入棺)을.

유리창

창은 다 유리로 되지만
내 창에서는
나무의 푸른 잎이다.

생기 활발한 나뭇잎
하늘을 배경으로
무심하게도 무성하게 자랐다.

때로는 새도 날고
구름이 가고
햇빛 비치는 이 유리창이여—

나 무

　사람들은 모두 그 나무를 썩은 나무라고 그랬다. 그러나 나는 그 나무가 썩은 나무는 아니라고 그랬다. 그 밤 나는 꿈을 꾸었다.
　그리하여 나는 그 꿈속에서 무럭무럭 푸른 하늘에 닿을 듯이 가지를 펴며 자라 가는 그 나무를 보았다.
　나는 또다시 사람을 모아 그 나무가 썩은 나무는 아니라고 그랬다.

　그 나무는 썩은 나무가 아니다.

넋

넋이 있느냐 라는 것은
내가 있느냐 없느냐고 묻는 거나 같다.
산을 보면서 산이 없다고 하겠느냐?
나의 넋이여
마음껏 발동(發動)해 다오.
내 몸의 모든 움직임은,
바로 내 넋의 가면이다.
비 오는 날 내가 다소 우울해지면
그것은 즉 넋이 우울하다는 것이다.
내 넋을 전세계로 해방하여
내 넋을 널찍하게 발동케 하고 싶다.

기 쁨

친구가 멀리서 와,
재미있는 이야길 하면
나는 킬킬 웃어제킨다.

그때 나는 기쁜 것이다.
기쁨이란 뭐냐? 라고요?
허나 난 웃을 뿐.

기쁨이 크면 웃을 따름.
꼬치꼬치 캐묻지 말아라.
그저 웃음으로 마음이 찬다.

아주 좋은 일이 있을 때
생색이 나고 활기가 나고
하늘마저 다정한 누님 같다.

저 자 와
협의하여
인지 생략

저승가는 데도 여비가 든다면

지은이 | 천상병
펴낸이 | 一庚 장소님
펴낸곳 | 돌샘 답게
초판 인쇄 | 1995년 11월 15일
재판 19쇄 | 2024년 5월 10일
등 록 | 1990년 2월 28일, 제 21-140호
주 소 | 04975 서울특별시 광진구 천호대로 698 진달래빌딩 502호
전 화 | (편집) 02) 469-0464, 02) 462-0464
      (영업) 02) 463-0464, 02) 498-0464
팩 스 | 02) 498-0463
홈페이지 | www.dapgae.co.kr
e-mail | dapgae@gmail.com, dapgae@korea.com
ISBN 978-89-7574-060-9 (02810)
ⓒ 1995, 천상병

나답게·우리답게·책답게

* 책값은 뒤표지에 있습니다.
* 잘못 만들어진 책은 구입하신 서점에서 교환해 드립니다.